學校 - Schuel — 2
旅行 - Reis — 5
交通運送 - Transport — 8
城市 - Stadt — 10
地形 - Landschaft — 14
餐館 - Restaurant — 17
超市 - Läbensmittellade — 20
飲料 - Getränk — 22
食物 - Läbensmittel — 23
農場 - Buurehof — 27
房子 - Huus — 31
客廳 - Stubä — 33
廚房 - Chuchi — 35
浴室 - Badzimmer — 38
兒童房 - Chinderzimmer — 42
衣服 - Chleidig — 44
辦公室 - Büro — 49
經濟 - Wirtschaft — 51
職業 - Brüef — 53
工具 - Werkzüüg — 56
樂器 - Musiginstrumänt — 57
動物園 - Zolli — 59
體育 - Sport — 62
活動 - Aktivitäte — 63
家 - Familiä — 67
身體 - Körpär — 68
醫院 - Spital — 72
緊急情形 - Notfall — 76
地球 - Ärde — 77
鐘錶 - Uhr — 79
週 - Wuche — 80
年 - Johr — 81
形狀 - Forme — 83
顏色 - Farbä — 84
反義詞 - Gägeteil — 85
數字 - Zahlä — 88
語言 - Sprache — 90
誰/什麼/如何 - wär / was / wie — 91
方位 - wo — 92

Impressum
Verlag: BABADADA GmbH, Nedderfeld 112 , 22529 Hamburg
Geschäftsführer / Verlagsleitung: Harald Hof
Druck: Books on Demand GmbH, In de Tarpen 42, 22848 Norderstedt

Imprint
Publisher: BABADADA GmbH, Nedderfeld 112 , 22529 Hamburg, Germany
Managing Director / Publishing direction: Harald Hof
Print: Books on Demand GmbH, In de Tarpen 42, 22848 Norderstedt

學校

Schuel

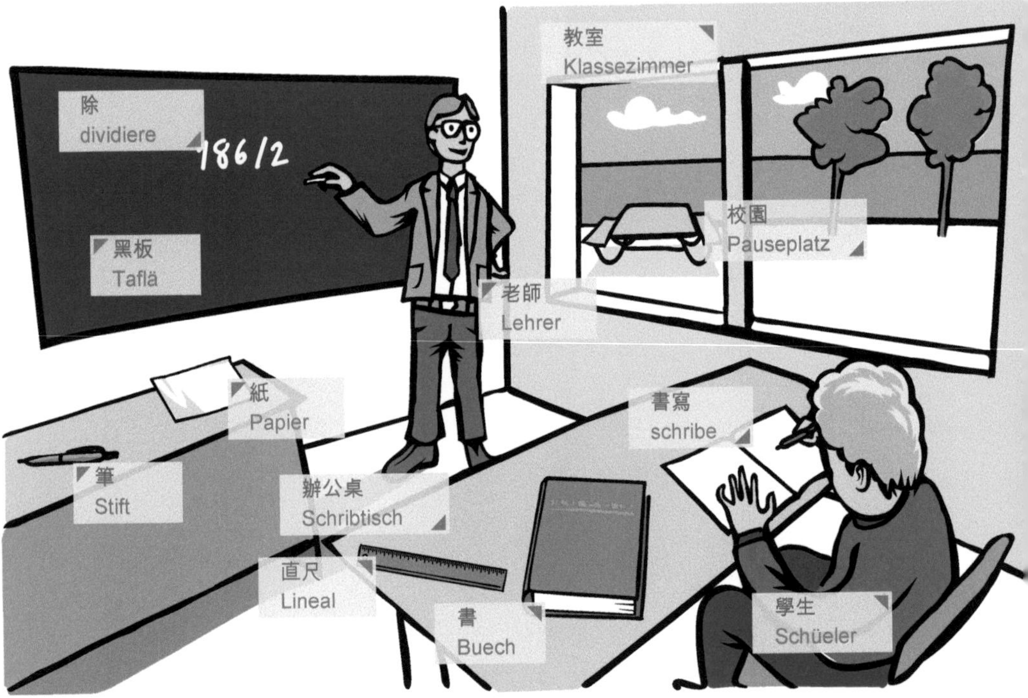

教室
Klassezimmer
除
dividiere
186/2
黑板
Taflä
老師
Lehrer
校園
Pauseplatz
紙
Papier
書寫
schribe
筆
Stift
辦公桌
Schribtisch
直尺
Lineal
書
Buech
學生
Schüeler

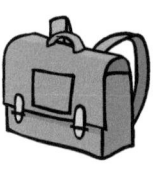

書包

Thek

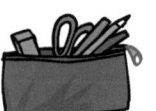

鉛筆盒

Etui

鉛筆

Bleistift

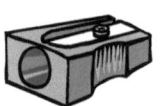

削鉛筆機

Spitzer

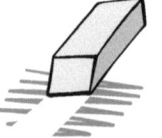

橡皮擦

Radiergummi

畫板

Zeicheblock

圖畫
Zeichnig

畫筆
Pinsel

顏料盒
Malchaschte

剪刀
Schär

膠水
Liim

練習冊
Üebigsheft

家庭作業
Huusufgabe

12

數字
Zahl

2+2

加
addiere

5-2

減
subtrahiere

2×2

乘
multipliziere

計算
rächne

A

字母
Buechstabe

ABCDEFG
HIJKLMN
OPQRSTU
VWXYZ

字母表
Alphabet

hello

字
Wort

課文
Text

讀
läse

粉筆
Kriide

上課
Lektion

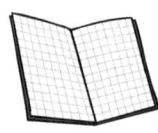

登記
Klassäbuech

考試
Prüefig

證書
Zügnis

校服
Schueluniform

教育
Usbildig

百科全書
Enzyklopädie

大學
Universität

顯微鏡
Mikroskop

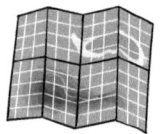

地圖
Charte

廢紙簍
Papierchorb

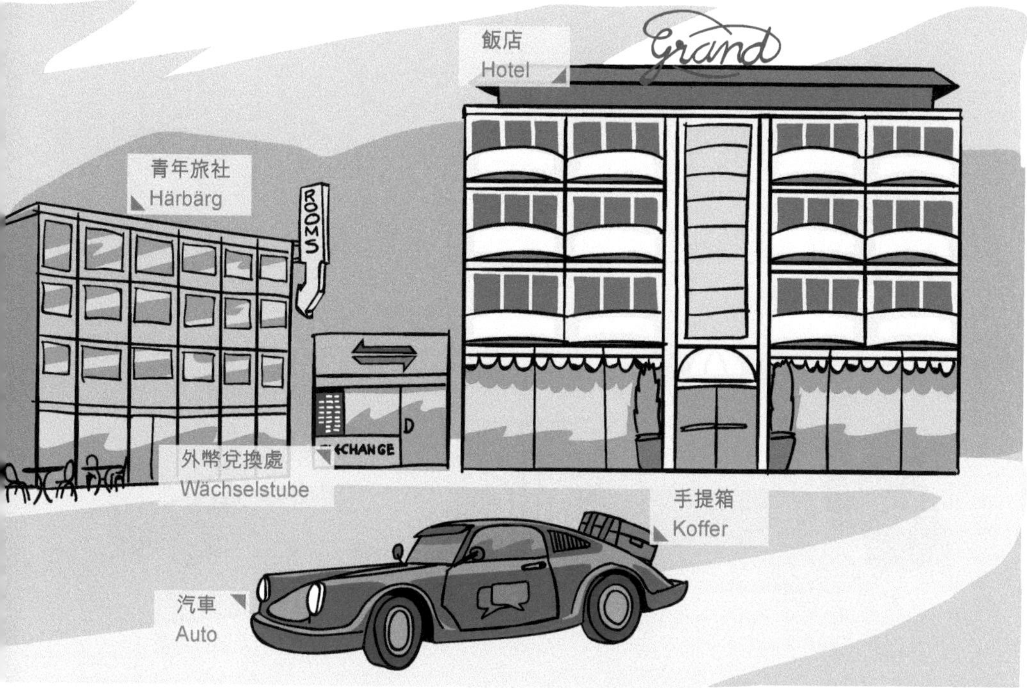

飯店
Hotel
Grand
青年旅社
Härbärg
ROOMS
外幣兌換處
Wächselstube
手提箱
Koffer
汽車
Auto

語言

Sprach

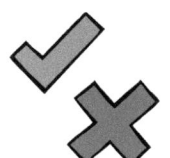

是/否

jo / nei

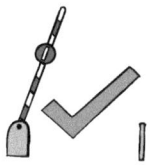

好的

okay

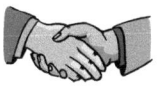

您好

Hallo

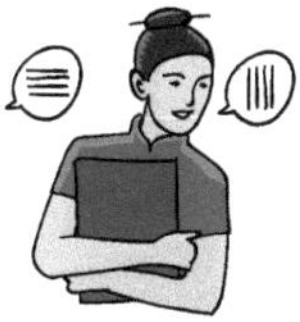

翻譯人員

Dolmetscher

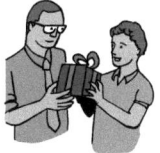

謝謝

Dankä

……多少錢？

Was chostet…?

我不明白

Ich vrstahs nöd

問題

Problem

晚上好！

Guete Abig!

早上好！

guete Morgä!

晚安！

guete Abig!

再見

Uf Wiederseh

方向

Richtig

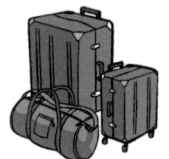

行李

Bagaasch

包

Täsche

背包

Rucksack

客人

Gast

房間

Ruum

睡袋

Schlafsack

帳篷

Zält

旅行資訊
Touristeninformation

海灘
Strand

信用卡
Kreditkarte

早餐
Zmorge

午餐
Zmittag

晚餐
Znacht

票
Billet

電梯
Ufzug

郵票
Briefmarke

邊界
Gränze

海關
Zoll

大使館
Botschaft

簽證
Visum

護照
Pass

交通運送

Transport

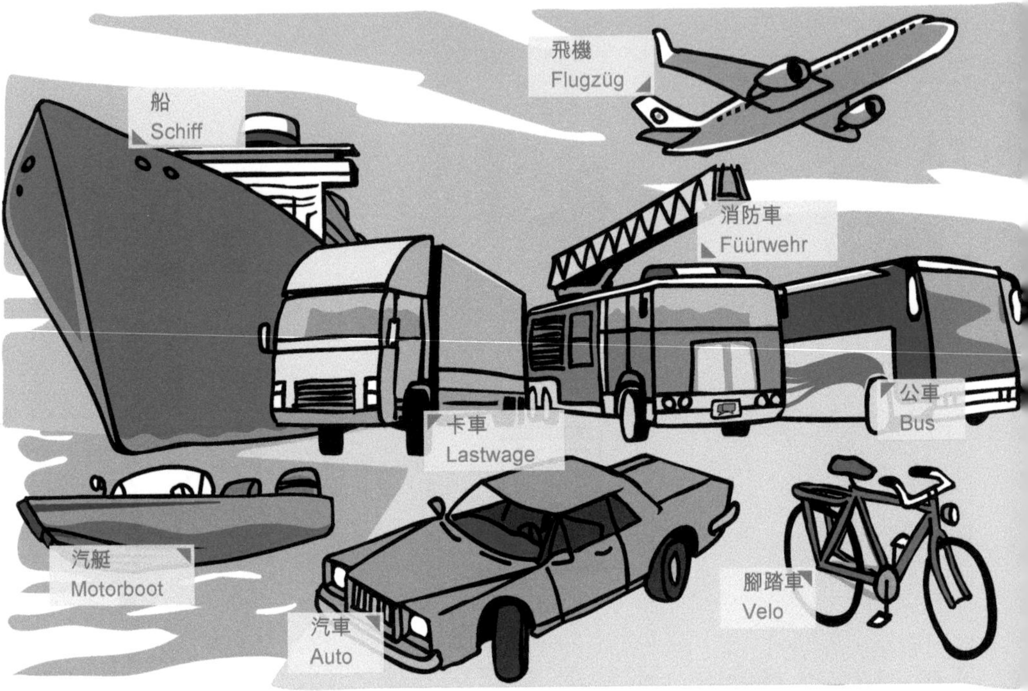
飛機
Flugzüg
船
Schiff
消防車
Füürwehr
公車
Bus
卡車
Lastwage
汽艇
Motorboot
腳踏車
Velo
汽車
Auto

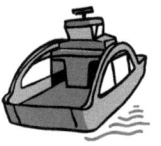

渡輪

Fähri

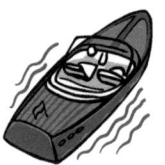

小船

Boot

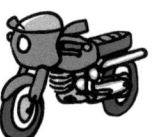

機車

Töff

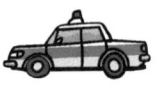

警車

Polizeiauto

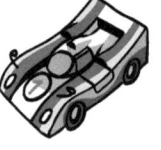

賽車

Rännauto

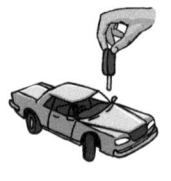

租車

Mietwage

拼車

Carsharing

拖車

Abschleppwage

垃圾車

Chübelwage

馬達

Motor

汽油

Benzin

加油站

Tankstell

交通標識

Verkehrsschild

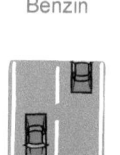

交通

Verchehr

交通堵塞

Stau

停車場

Parkplatz

火車站

Bahnhof

軌道

Schiene

火車

Zug

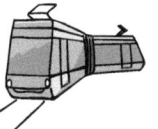

路面電車

Strassebahn

客車廂

Wagon

直升機

Helikopter

機場

Flughafe

塔

Tower

乘客

Passagier

集裝箱

Container

紙板箱

Karton

手推車

Chare

籃子

Korb

起飛/降落

starte / lande

城市

Stadt

村莊

Dorf

市中心

Stadtzentrum

房子

Huus

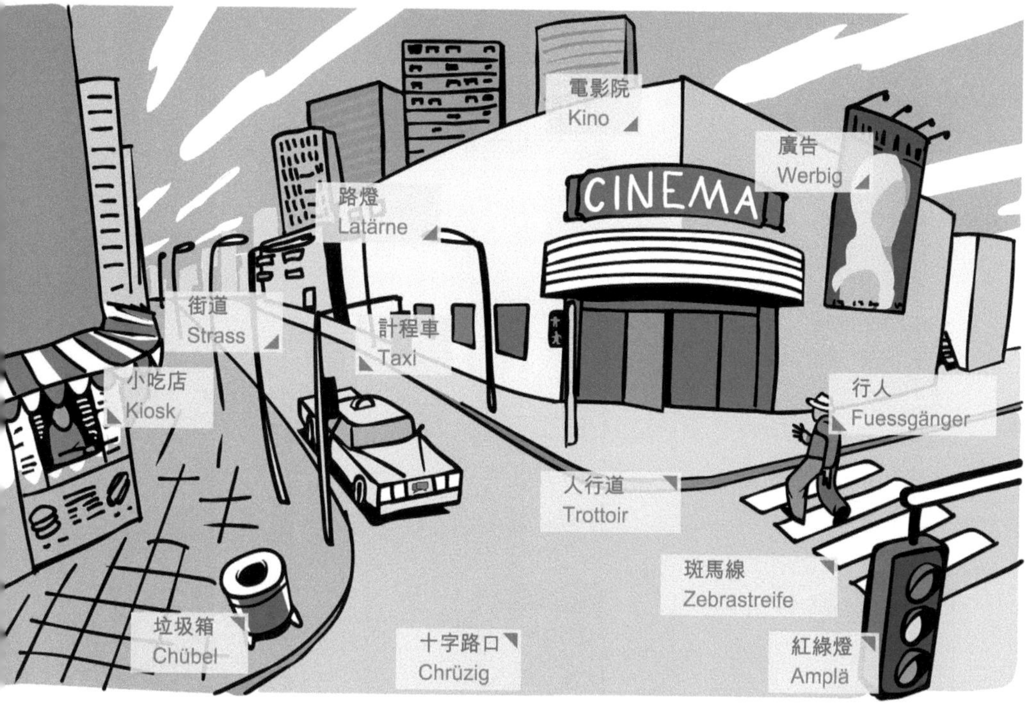

電影院
Kino
廣告
Werbig
CINEMA
路燈
Latärne
街道
Strass
計程車
Taxi
小吃店
Kiosk
行人
Fuessgänger
人行道
Trottoir
斑馬線
Zebrastreife
垃圾箱
Chübel
十字路口
Chrüzig
紅綠燈
Amplä

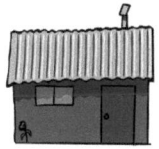

小屋

Hütte

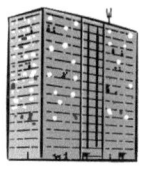

公寓

Wohnig

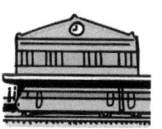

火車站

Bahnhof

市政廳

Gmeindshuus

MUSEUM

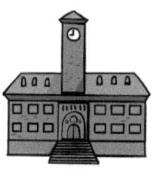

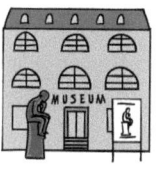

博物館

Museum

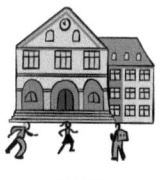

學校

Schuel

大學

Universität

銀行

Bank

醫院

Spital

飯店

Hotel

藥房

Apotheke

辦公室

Büro

書店

Buechgschäft

商店

Gschäft

花店

Bluemelade

超市

Läbensmittellade

市場

Märt

百貨商店

Chaufhuus

魚店

Fischhändler

購物中心

Iihkaufszentrum

海港

Hafe

公園

Park

長凳

Bank

橋

Brugg

樓梯

Stäge

捷運

U-Bahn

隧道

Tunnell

公車站

Bushaltestell

酒吧

Bar

餐館

Restaurant

郵筒

Briefchastä

路標

Strasseschild

停車計時器

Parkuhr

動物園

Zolli

游泳池

Badi

清真寺

Moschee

農場

Buurehof

污染

Umwältvrschmutzig

墓地

Fridhof

教堂

Chile

操場

Spielplatz

寺廟

Tämpel

地形
Landschaft

樹葉
Blatt

指示牌
Wägwiiser

路
Wäg

草地
Wise

石頭
Stei

樹
Baum

徒步旅行者
Wanderer

河
Fluss

草
Gras

花
Bluamä

峽谷

Tal

丘陵

Bärg

湖

See

森林

Wald

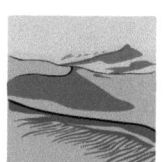

沙漠

Wüeschti

火山

Vulkan

城堡

Schloss

彩虹

Rägeboge

蘑菇

Pilz

棕櫚樹

Palme

蚊子

Moskito

蒼蠅

Fliege

螞蟻

Ameise

蜜蜂

Biendli

蜘蛛

Spinne

甲蟲

Chäfer

青蛙

Frosch

松鼠

Eichhörnli

刺蝟

Igel

野兔

Haas

貓頭鷹

Üle

鳥

Vogu

天鵝

Schwan

野豬

Wildschwein

鹿

Hirsch

麋鹿

Elch

水壩

Damm

風力發電機

Windturbine

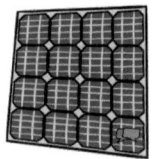

太陽能電池板

Sunnekollektor

氣候

Klima

餐館
Restaurant

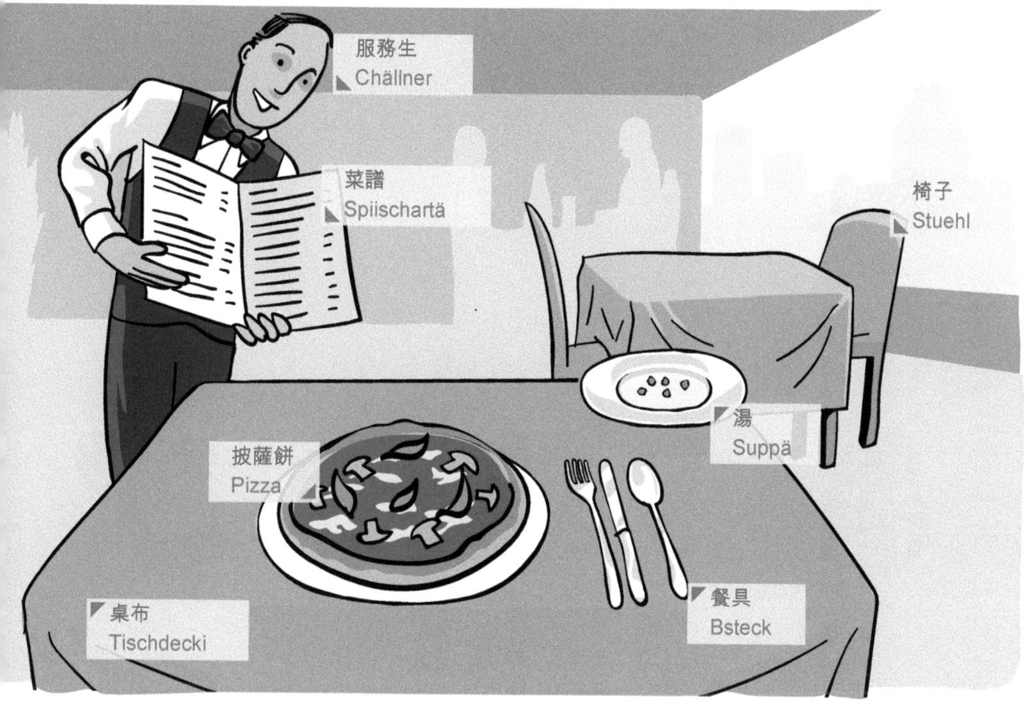

服務生
Chällner
菜譜
Spiischartä
椅子
Stuehl
湯
Suppä
披薩餅
Pizza
餐具
Bsteck
桌布
Tischdecki

前菜
Vorspiies

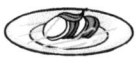

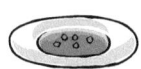

主菜
Hauptgricht

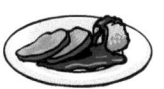

甜點
Dessert

飲料
Getränk

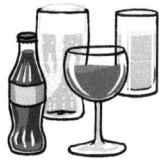

食物
Läbensmittel

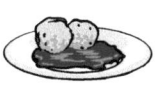

瓶子
Fläsche

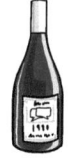

速食
Fast Food

街邊小吃
Street Food

茶壺
Teechanne

糖盒
Zuckerdosä

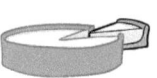

一份飯菜
Portion

義式咖啡機
Espressomaschine

高腳椅
Hochstuehl

帳單
Rächnig

托盤
Tablett

刀
Mässer

餐叉
Gable

勺子
Löffel

茶匙
Teelöffel

餐巾
Serviette

玻璃杯
Glas

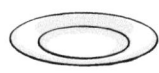

碟子
Täller

湯盤
Suppetällär

碟子
Untertasse

醬
Sose

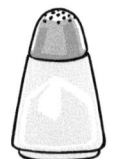

鹽瓶
Salzstreuer

胡椒研磨罐
Pfäffermühli

醋
Essig

食用油
Öl

調味料
Gwürz

番茄醬
Ketchup

芥末
Sänf

美乃滋
Mayonnaise

超市

Läbensmittellade

特價
Ahgebot
FOR
顧客
Chund
乳製品
Milchprodukt
水果
Frücht
購物車
lichaufswage

BUTCHERS

肉鋪

Schlachter

BAKERY

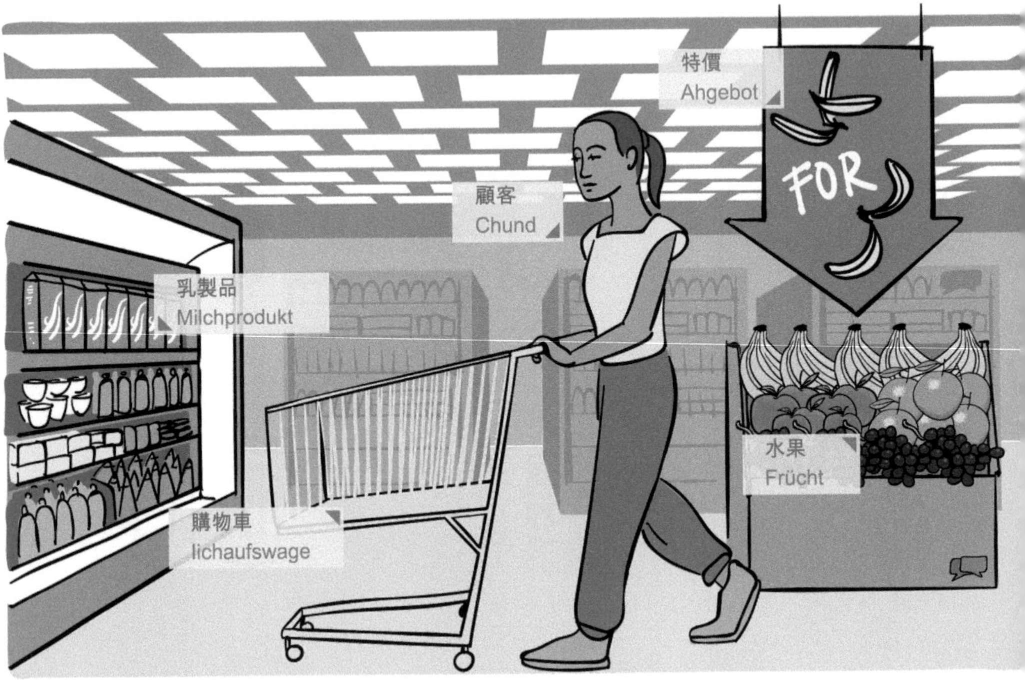

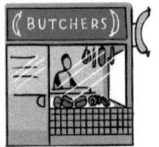

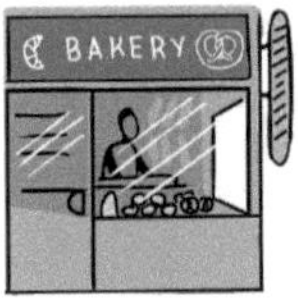

麵包店

Beck

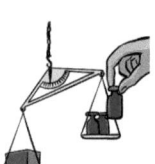

稱重

wiege

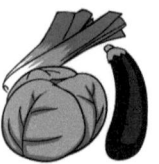

蔬菜

Gmües

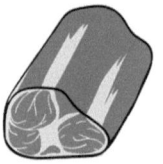

肉

Fleisch

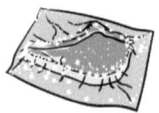

冷凍食品

Tiefkühlprodukt

冷盤
Ufschnitt

罐頭食品
die Konsärve

洗衣粉
Wöschmittel

甜食
Süessigkeite

日用品
Huushaltartikel

清潔用品
Putzmittel

銷售員
Verchäuferin

收銀機
Kassä

收銀員
Kassierer

購物清單
Ihchaufsliste

開放時間
Öffnigszite

錢包
das Portemonnaie

信用卡
Kreditkarte

袋子
Täsche

塑膠袋
Plastiksack

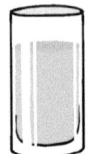

水

Wasser

果汁

Saft

牛奶

Milch

可樂

Cola

紅酒

Wii

啤酒

Bier

酒

Alkohol

可可

Ovi

茶

Tee

咖啡

Kafi

義式濃縮咖啡

Espresso

卡布奇諾

Cappuccino

香蕉

Banane

蘋果

Öpfel

柳丁

Orange

西瓜

Melone

檸檬

Zitrone

胡蘿蔔

Rüebli

大蒜

Chnoobli

竹子

Bambus

洋蔥

Zwiblä

蘑菇

Pilz

堅果

Nüss

麵條

Nudle

義大利麵

Spaghetti

米飯

Riis

沙拉

Salat

薯條

Pommfrit

炸馬鈴薯

Bratherdöpfel

披薩餅

Pizza

漢堡

Hamburgär

三明治

Sandwich

炸豬排

Gotlett

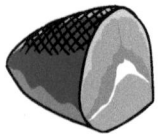

火腿

Schinkä

義大利臘腸

Salami

香腸

Würschtli

雞肉

Huehn

烤肉

Bratä

魚

Fisch

燕麥片

Haferflocke

木斯里

Müesli

玉米片

Cornflakes

麵粉

Mähl

牛角麵包

Gipfeli

麵包捲

Brötli

麵包

Brot

吐司

Toscht

餅乾

Guetzli

奶油

Butter

凝乳

Quark

蛋糕

Chueche

蛋

Ei

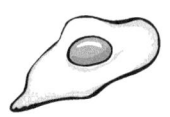

煎蛋

Spiegelei

起司

Chäs

冰淇淋

Glace

糖

Zucker

蜂蜜

Honig

果醬

Gonfi

巧克力醬

Nougat-Creme

咖哩

Curry

農場
Buurehof

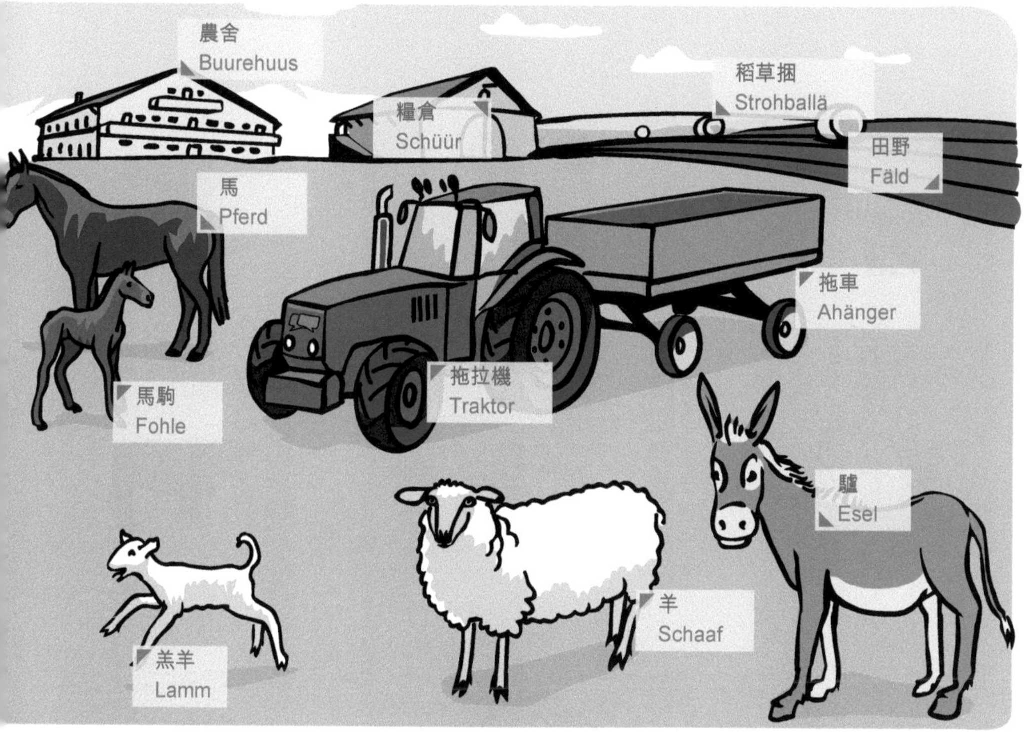

農舍
Buurehuus
糧倉
Schüür
稻草捆
Strohballä
田野
Fäld
馬
Pferd
拖車
Ahänger
拖拉機
Traktor
馬駒
Fohle
驢
Esel
羊
Schaaf
羔羊
Lamm

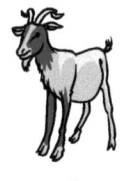

山羊

Geiss

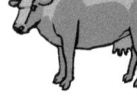

奶牛

Chueh

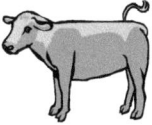

小牛

Chalb

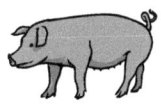

豬

Sau

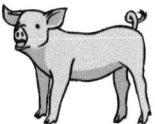

小豬

Ferkel

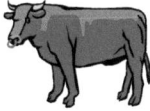

公牛

Rind

鵝
Gans

鴨
Änte

小雞
Küke

母雞
Huähn

公雞
Güggel

鼠
Ratte

貓
Chatz

老鼠
Muus

牛
Ochse

狗
Hund

狗屋
Hundehütte

花園澆水軟管
Garteschluuch

澆水壺
Giesschanne

長柄大鐮刀
Sägese

犁
Pflueg

鐮刀

Sichel

鋤頭

Hacke

長柄草耙

Heugable

斧頭

Axt

獨輪手推車

Garette

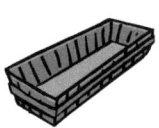

飼料槽

Trog

牛奶罐

Milchchanne

麻布袋

Sack

柵欄

Haag

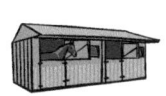

馬廄

Gadä

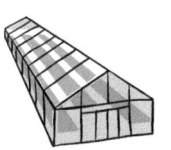

溫室

Gwächshuus

土壤

Bode

種子

Soome

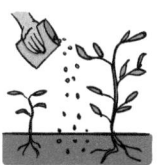

肥料

Dünger

聯合收割機

Mähdrescher

收割

ärnte

收割

Ärnte

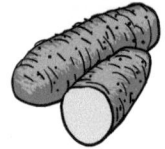

地瓜

Yamswurzle

小麥

Weize

大豆

Soja

土豆

Härdöpfel

玉米

Mais

油菜籽

Raps

果樹

Obstbaum

樹薯

Maniok

穀物

Getreide

房子
Huus

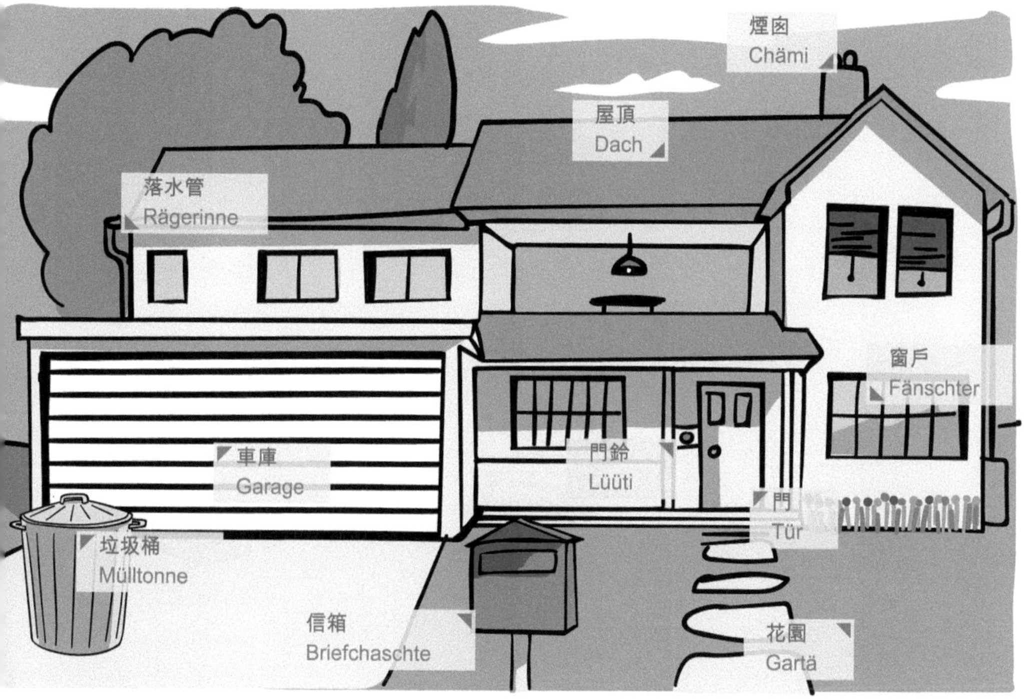

煙囪
Chämi
屋頂
Dach
落水管
Rägerinne
窗戶
Fänschter
車庫
Garage
門鈴
Lüüti
門
Tür
垃圾桶
Mülltonne
信箱
Briefchaschte
花園
Gartä

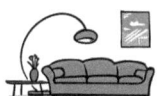

客廳

Stubä

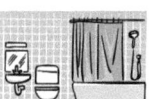

浴室

Badzimmer

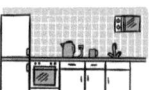

廚房

Chuchi

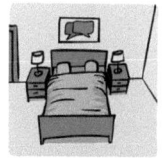

臥室

Schlofzimmer

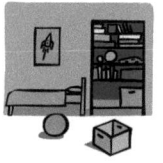

兒童房

Chinderzimmer

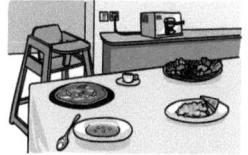

餐廳

Ässzimmer

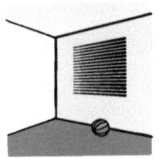

地板

Bodä

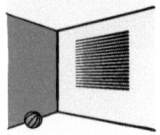

牆壁

Wand

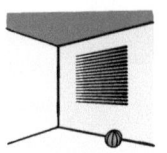

天花板

Decki

地窖

Chäller

三溫暖

Sauna

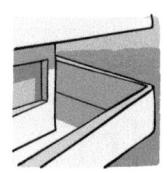

陽臺

Balkon

露臺

Terasse

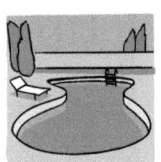

游泳池

Pool

割草機

Rasemäier

被單

Bettbezug

床罩

Bettdecki

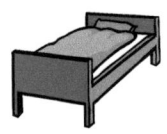

床

Bett

掃帚

Bäse

水桶

Chübel

開關

Schalter

客廳

Stubä

壁紙
Tapete
相片
Bild
檯燈
Lampä
擱架
Regal
櫥櫃
Schrank
電視
Färnseh
壁爐
Kamin
花
Bluamä
墊子
Chüssi
沙發
Sofa
花瓶
Vasä
遙控器
Färnbedienig

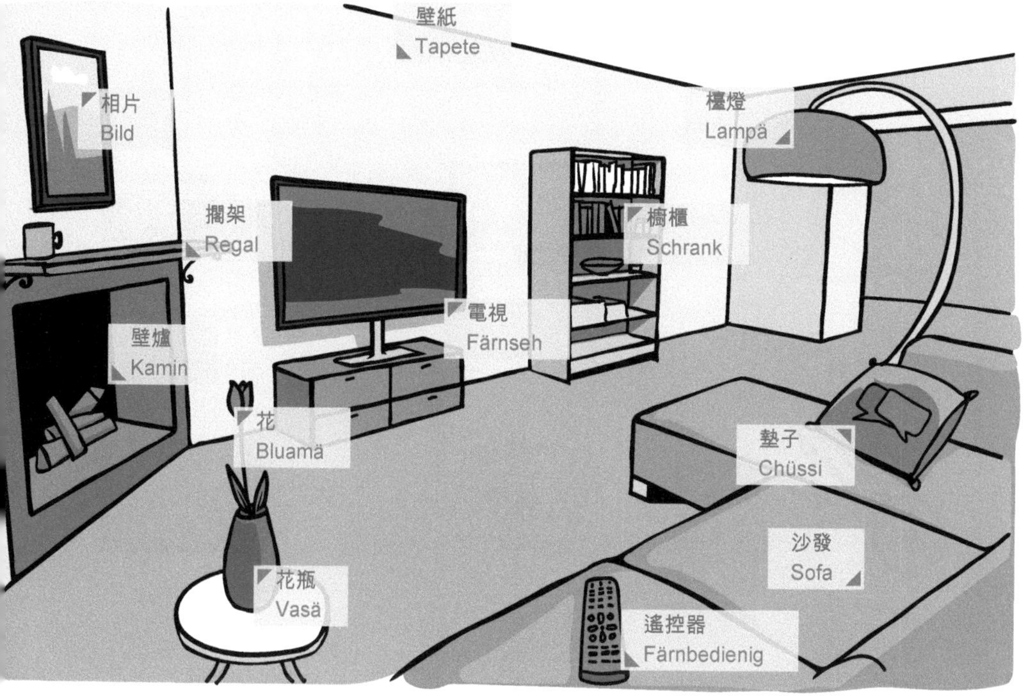

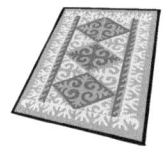

地毯

Teppich

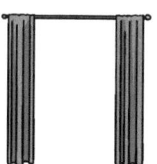

窗簾

Vorhang

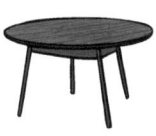

餐桌

Tisch

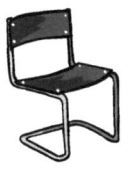

椅子

Stuehl

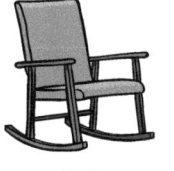

搖椅

Schaukelstuehl

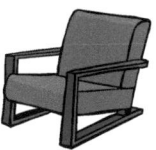

扶手椅

Sässel

書
Buech

毯子
Decki

裝飾品
Dekoration

木柴
Füürholz

電影
Film

高傳真音響
Stereoahlag

鑰匙
Schlüssel

報紙
Ziitig

油畫
Bild

海報
Poster

收音機
Radio

筆記本
Notizblock

吸塵器
Staubsuuger

仙人掌
Kaktus

蠟燭
Chärze

廚房
Chuchi

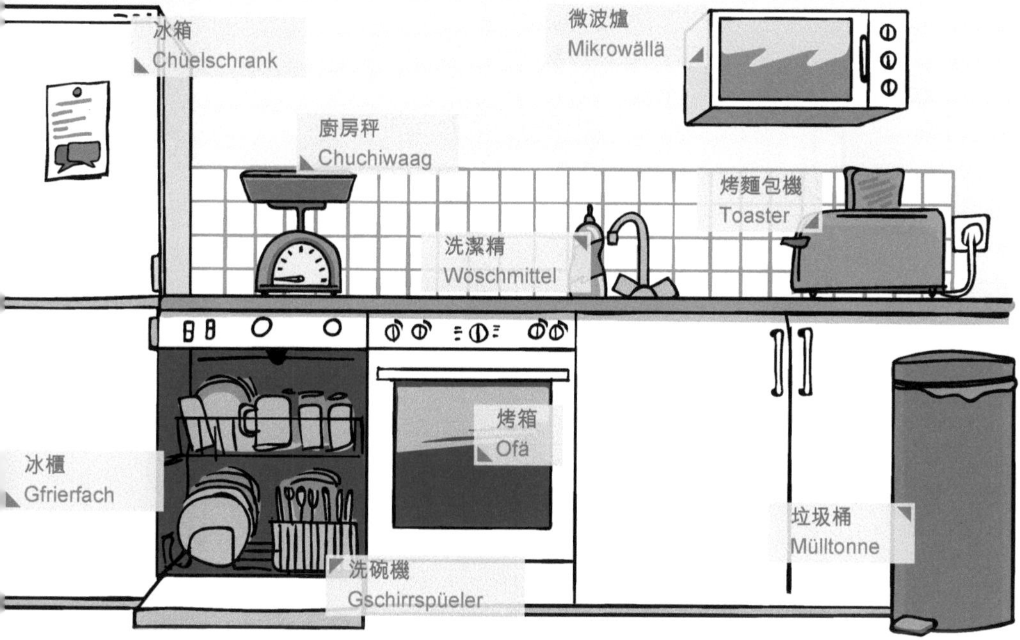
冰箱
Chüelschrank
微波爐
Mikrowällä
廚房秤
Chuchiwaag
烤麵包機
Toaster
洗潔精
Wöschmittel
烤箱
Ofä
冰櫃
Gfrierfach
垃圾桶
Mülltonne
洗碗機
Gschirrspüeler

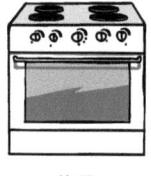

炊具
Härd

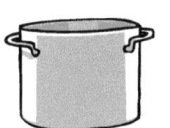

鍋
Topf

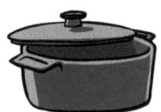

鑄鐵鍋
Iisetopf

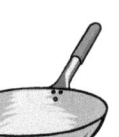

炒鍋
Wok / Kadai

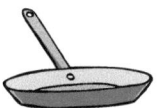

平底鍋
Pfanne

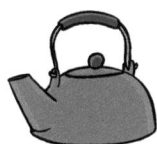

水壺
Wasserchocher

蒸鍋
Dampfer

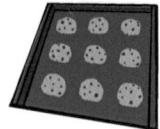

烤盤
Bachbläch

陶瓷鍋
Gschirr

馬克杯
Bächer

碗
Schale

筷子
Stäbli

長柄勺
Suppechellä

鏟子
Pfannewänder

攪拌器
Schneebäse

濾網
Sieb

篩子
Sieb

磨碎機
Raffle

研缽
Mörser

燒烤
Grill

明火
Füürstell

菜板

Schniidbrätt

擀麵杖

Nudelholz

開瓶器

Korkäzieher

罐子

Dosä

開罐器

Dosäöffner

隔熱手套

Topflappä

水槽

Wöschbecki

刷子

Bürste

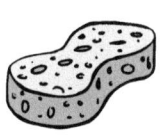

海綿

Schwumm

攪拌機

Mixer

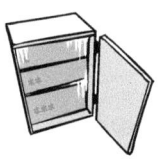

冷藏箱

Gfrierschrank

奶瓶

Babyfläschli

水龍頭

Hahnä

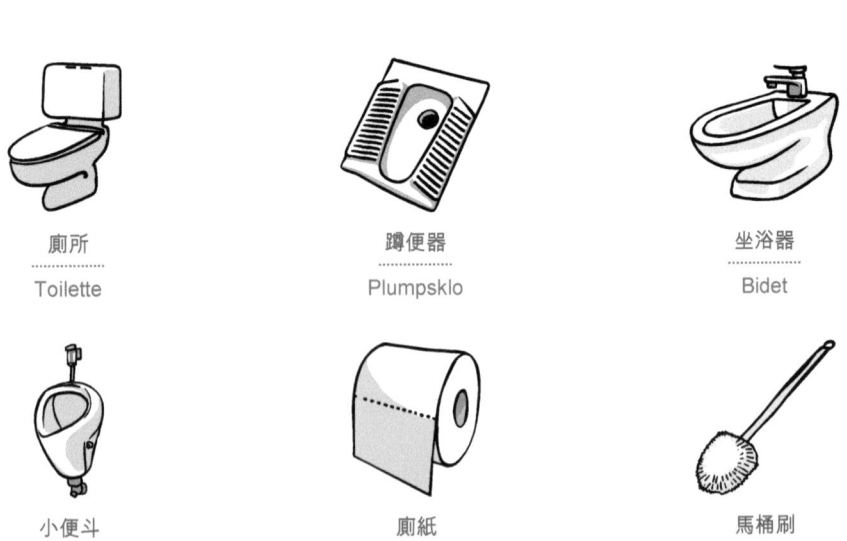

浴室

Badzimmer

淋浴
Duschi
供暖裝置
Heizig
毛巾
Handtuech
浴簾
Duschvorhang
泡沫浴
Schumbad
浴缸
Badwanne
玻璃杯
Glas
洗衣機
Wöschmaschine
水龍頭
Hahnä
瓷磚
Fliesä
便壺
Töpfli
水槽
Wöschbecki

廁所

Toilette

蹲便器

Plumpsklo

坐浴器

Bidet

小便斗

Pissoir

廁紙

Toilettepapier

馬桶刷

Toilettebürschteli

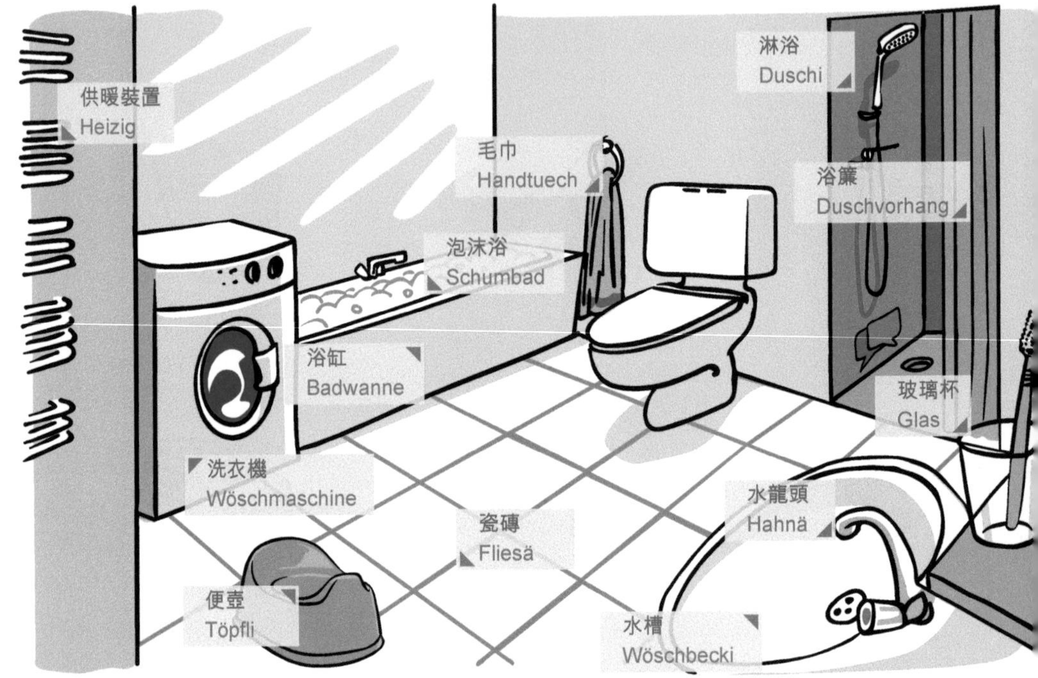

牙刷
Zahbürstä

牙膏
Zahpasta

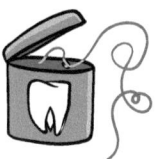

牙線
Zahnsiide

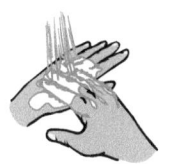

洗
wäsche

手持式蓮蓬頭
Handduschi

沖洗器
Intiimduschi

洗臉盆
Wöschbecki

洗背刷
Ruggäbürste

肥皂
Seifä

沐浴露
Duschgel

洗髮乳
Shampoo

法蘭絨
Waschlappä

排水
Abfluss

乳霜
Creme

除臭劑
Deo

鏡子

Spiegel

手鏡

Handspiegel

刮鬍刀

Rasierer

刮鬍泡沫

Rasierschuum

鬚後水

Aftershave

梳子

Schträäl

刷子

Bürstä

吹風機

Föhn

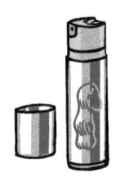

噴髮定型劑

Hoorspray

化妝品

Makeup

唇膏

Lippestift

指甲油

Nagellack

化妝棉

Wattä

指甲剪

Nagelscher

香水

Parfum

洗漱包

Necessaire

凳子

Schemel

計重秤

Waag

浴袍

Badmantel

橡膠手套

Gummihändscheh

衛生棉條

Tampon

衛生棉

Damebinde

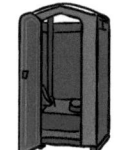

化學廁所

chemischi Toilette

兒童房

Chinderzimmer

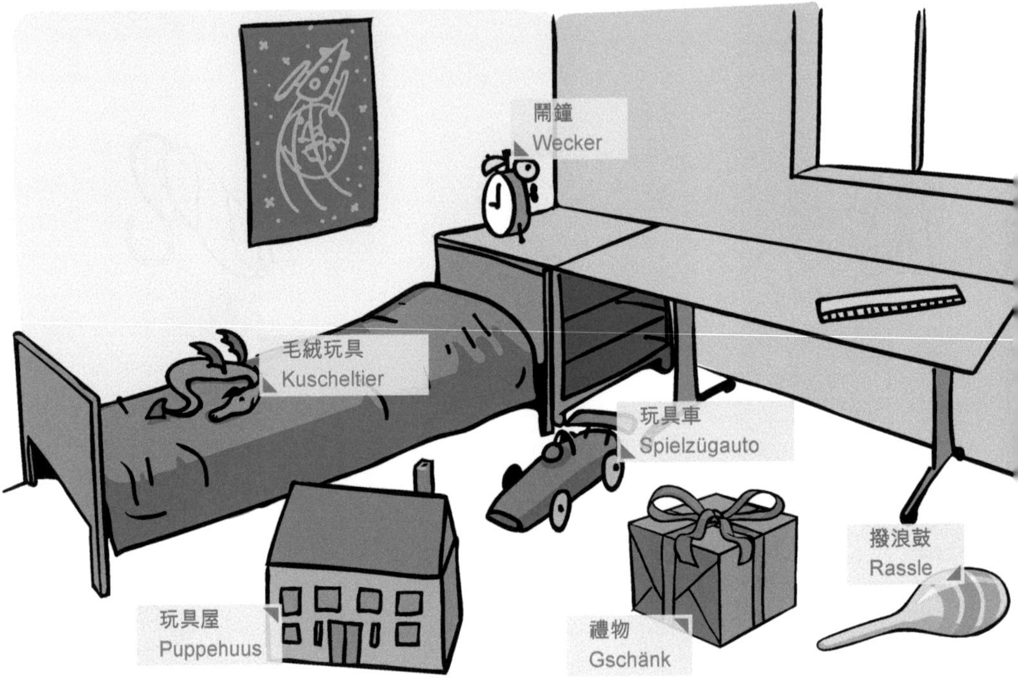

鬧鐘
Wecker
毛絨玩具
Kuscheltier
玩具車
Spielzügauto
撥浪鼓
Rassle
玩具屋
Puppehuus
禮物
Gschänk

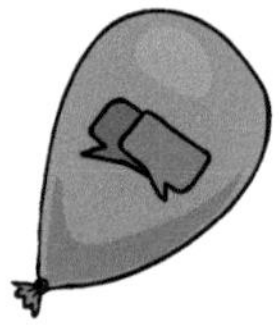

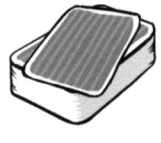

氣球

Ballon

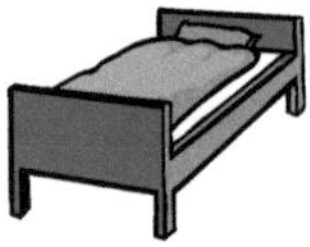

床

Bett

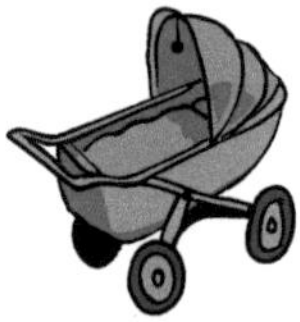

嬰兒車

Chinderwage

撲克牌

Chartespiel

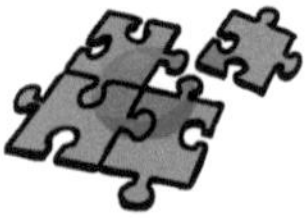

拼圖

Puzzle

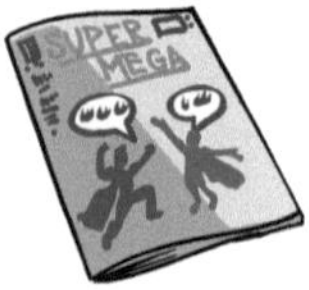

漫畫

Comic

樂高積木

Legos

積木玩具

Baustei

公仔

Action Figur

嬰兒服

Strampli

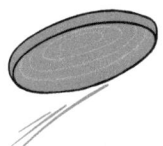

飛盤

Frisbee

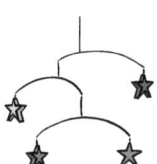

床鈴玩具

Mobile

棋盤遊戲

Brättspiel

骰子

Würfäl

火車模型

Modellisebahn

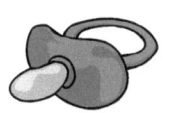

安撫奶嘴

Nuggi

派對

Party

繪本

Bilderbuch

球

Ball

洋娃娃

Puppä

玩

spiele

沙坑

Sandchaschte

鞦韆

Gigampfi

玩具

Spielzüg

電玩遊戲

Videospielkonsole

三輪車

Dreirad

泰迪熊

Teddy

衣櫃

Chleiderschrank

衣服

Chleidig

襪子

Sockä

長襪

Strümpf

緊身褲

Strumpfhosä

圍巾
Schal

雨傘
Rägeschirm

皮帶
Gürtel

T恤
T-Shirt

運動鞋
Turnschueh

靴子
Stiefel

拖鞋
Badschlappe

涼鞋
Sandalä

鞋
Schueh

雨靴
Gummistiefel

內褲
Untrhosä

胸罩
BH

背心
Underlibli

身體
Body

褲子
Hosä

牛仔褲
Jeans

短裙
Rock

女式襯衫
Bluse

襯衫
Hömli

套頭衫
Pulli

連帽上衣
Kapuzepulli

西裝夾克
Blazer

夾克
Jacke

外套
Mantel

雨衣
Rägämantel

套裝
Chostüm

連衣裙
Chleid

婚紗
Hochziitskleid

西裝
Ahzug

睡袍
Nachthömli

睡衣
Pyjama

莎麗
Sari

頭巾
Chopftuäch

包頭巾
Turban

波卡
Burka

卡夫坦
Kaftan

(阿拉伯式)長袍
Abaya

泳衣
Badchleid

男式泳褲
Badhose

短褲
churzi Hosä

運動服
Trainer

圍裙
Schürze

手套
Händsche

衣服 - Chleidig

鈕扣

Chnopf

眼鏡

Brüllä

手鏈

Armband

項鍊

Chetti

戒指

Ring

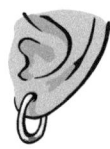

耳環

Ohrering

便帽

Chappe

衣架

Chleiderbügel

帽子

Huet

領帶

Grawattä

拉鍊

Riissverschluss

安全帽

Helm

背帶

Hosäträger

校服

Schueluniform

制服

Uniform

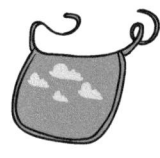

圍兜

Lätzli

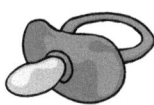

安撫奶嘴

Nuggi

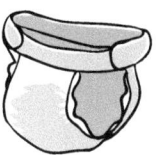

尿布

Windle

辦公室

Büro

伺服器
Server
檔案櫃
Akteschrank
紙
Papier
印表機
Drucker
螢幕
Monitor
滑鼠
Muus
辦公桌
Schribtisch
資料夾
Ordner
鍵盤
Taschtatur
廢紙簍
Papierchorb
電腦
Computer
椅子
Stuehl

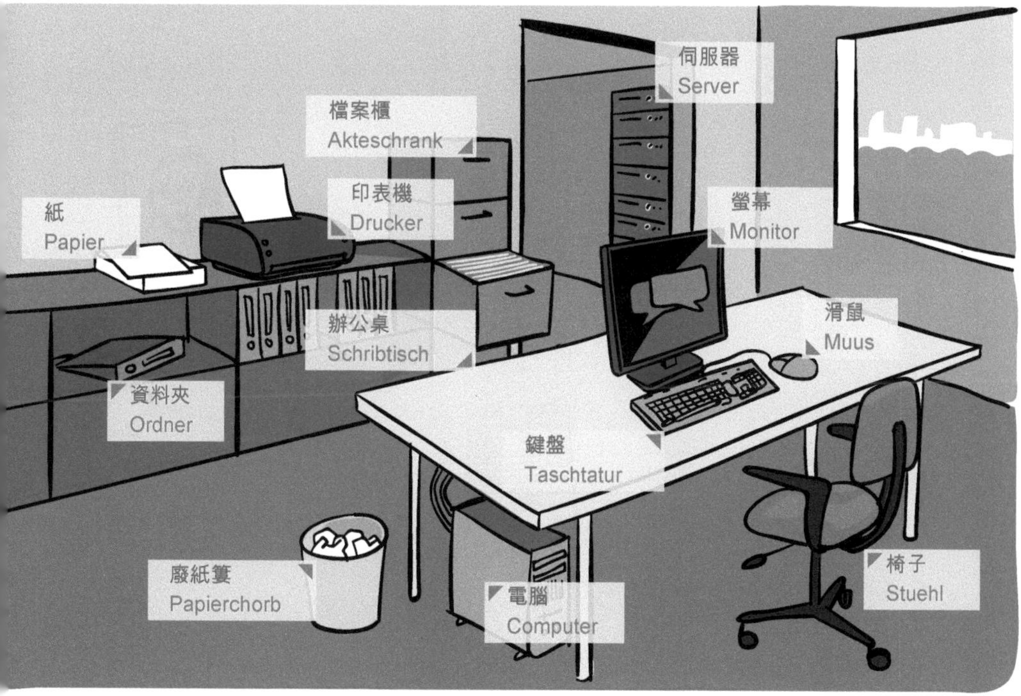

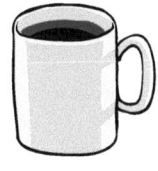

咖啡杯

Kafibächer

計算機

Tascheráchner

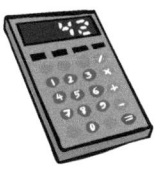

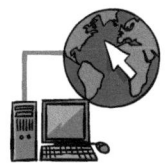

網際網路

Internet

筆記型電腦 Laptop	信件 Brief	簡訊 Nochricht

行動電話 Mobiltelefon	網路 Netzwärk	影印機 Kopierer

軟體 Software	電話 Telefon	插座 Steckdosä
	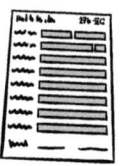	
傳真機 Fax	表格 Formular	檔案 Dokumänt

買
chaufe

付錢
zahle

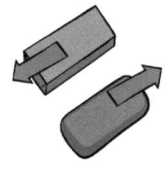

交易
handle

現金
Gäld

美元
Dollar

歐元
Euro

日元
Yen

盧布
Rubel

瑞士法郎
Frankä

人民幣
Renminbi Yuan

盧比
Rupie

提款處
Gäldautomat

外幣兌換處

Wächselstube

金

Gold

銀

Silber

石油

Öl

能源

Energie

價格

Priis

合約

Vertrag

稅金

Stüür

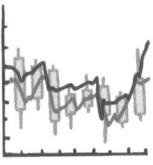

股票

Aktie

工作

schaffe

職員

Mitarbeiter

老闆

Arbeitgeber

工廠

Fabrik

商店

Gschäft

職業
Brüef

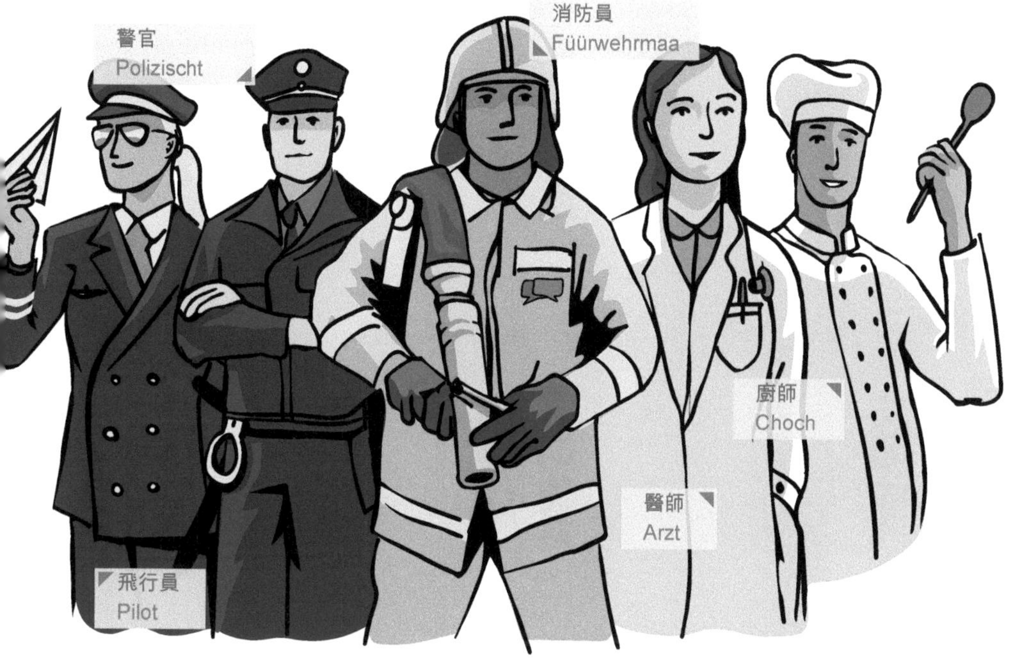
警官
Polizischt
消防員
Füürwehrmaa
廚師
Choch
醫師
Arzt
飛行員
Pilot

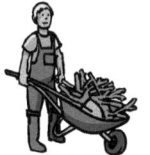

園丁

Gärtner

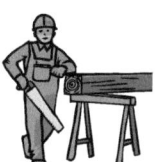

木匠

Zimmermah

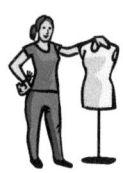

裁縫

Näheri

法官

Richter

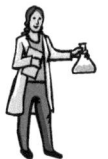

化學家

Chemiker

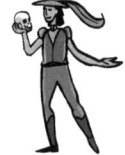

演員

Darsteller

公車司機

Busfahrer

計程車司機

Taxifahrer

漁夫

Fischer

清洗女工

Putzfrau

屋頂工

Dachdecker

服務生

Chällner

獵人

Jäger

畫家

Moler

麵包師

Bäcker

電工

Elektriker

建築工人

Bauarbeiter

工程師

Ingenieur

屠夫

Schlachter

水管工

Klämpner

郵差

Pöschtler

士兵

Soldat

建築師

Architekt

收銀員

Kassierer

花農

Florischt

理髮師

Frisör

售票員

Kontrolleur

機械技師

Mechaniker

船長

Kapitän

牙醫

Zahnarzt

科學家

Wüsseschaftler

拉比

Rabbi

伊瑪目

Imam

和尚

Mönch

牧師

Pfarrer

工具

Werkzüüg

鐵鎚
Hammer
鉗子
Zangä
螺絲起子
Schruubedreier
扳手
Schrubeschlüssel
手電筒
Taschelampä

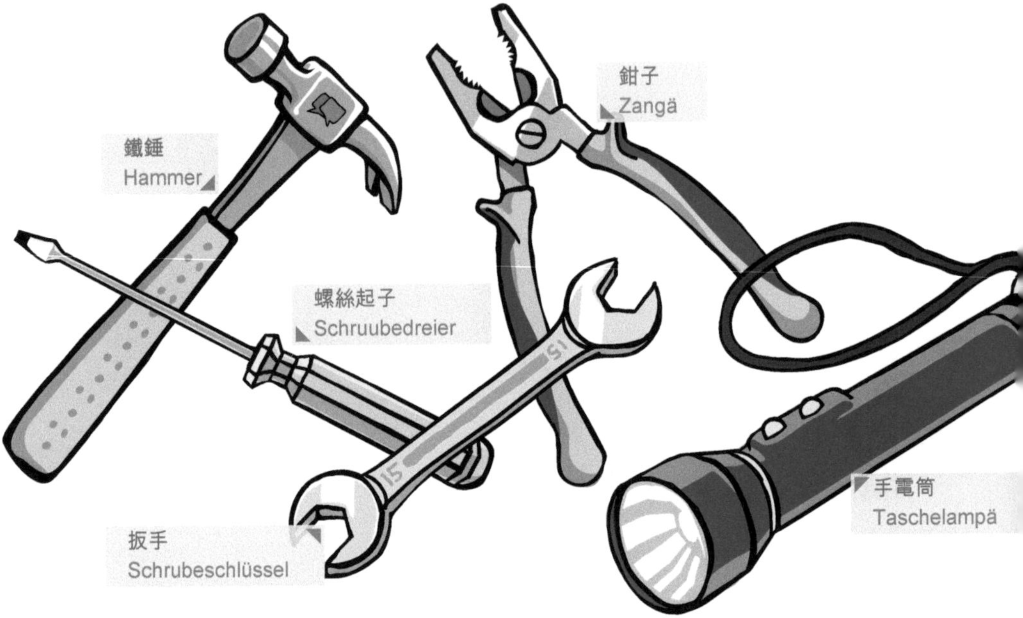

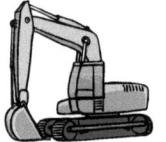

挖掘機

Bagger

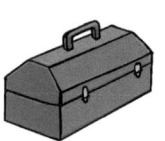

工具箱

Werkzüügchaschte

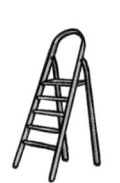

梯子

Leitere

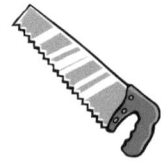

鋸子

Sagi

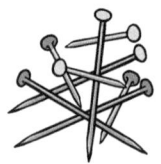

釘子

Negel

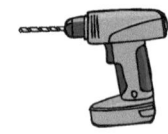

鑽機

Bohrer

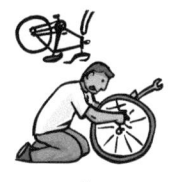

修

flicke

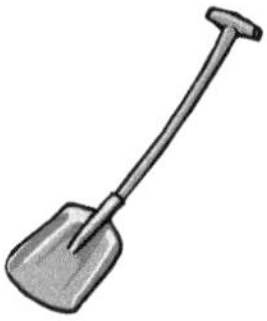

鏟子

Schufle

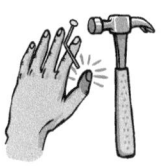

糟糕！

Mischt!

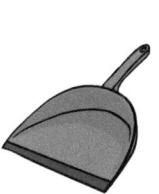

畚箕

Ascheschufle

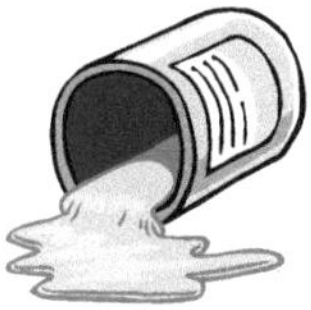

油漆桶

Farbchübel

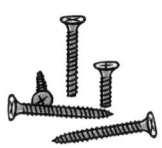

螺絲

Schruube

樂器
Musiginstrumänt

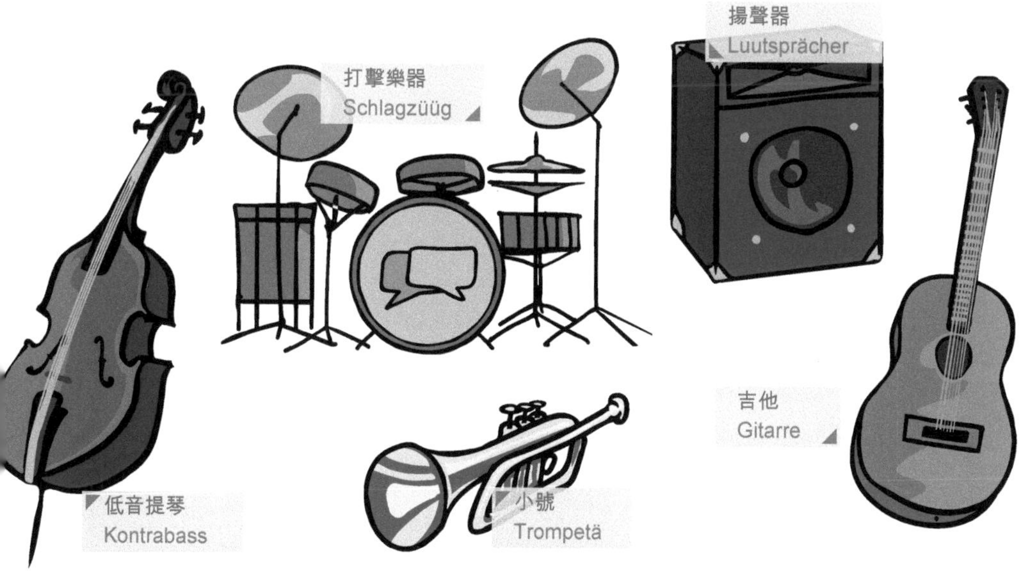
揚聲器
Luutsprächer
打擊樂器
Schlagzüüg
吉他
Gitarre
低音提琴
Kontrabass
小號
Trompetä

鋼琴

Klavier

小提琴

Violine

貝斯

Bass

定音鼓

Pauke

鼓

Trummle

電子琴

Keyboard

薩克斯風

Saxophon

長笛

Flöte

麥克風

Mikrofon

動物園

Zolli

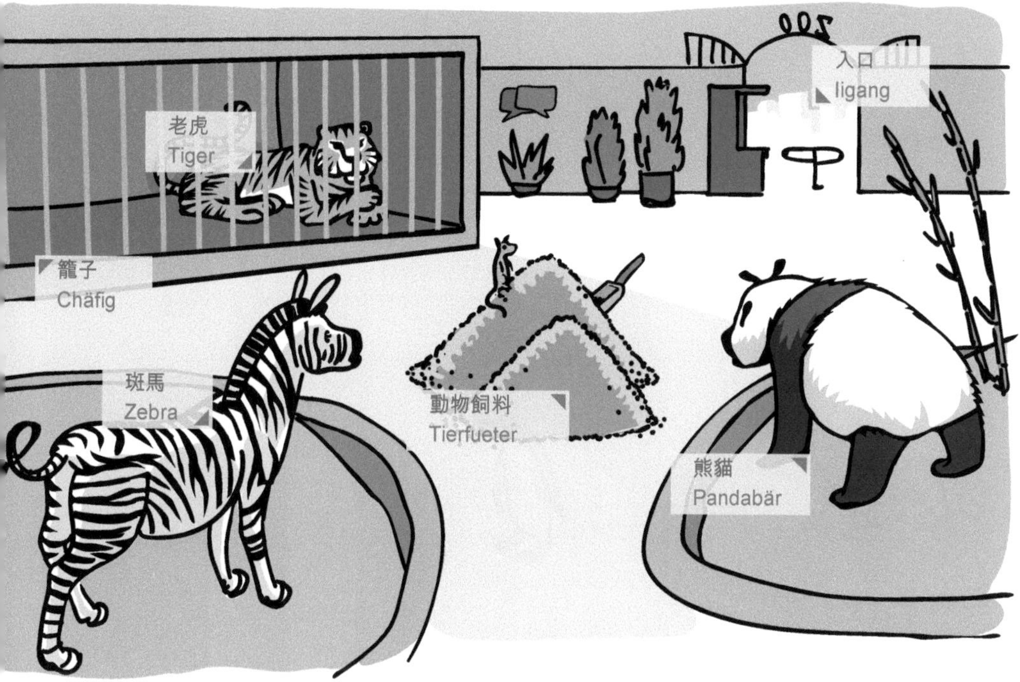

入口
Iigang
老虎
Tiger
籠子
Chäfig
斑馬
Zebra
動物飼料
Tierfueter
熊貓
Pandabär

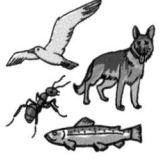

動物

Tier

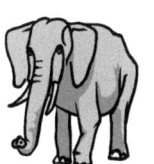

大象

Elefant

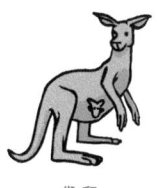

袋鼠

Känguru

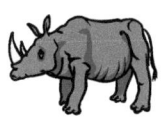

犀牛

Nashorn

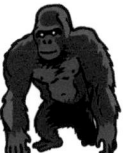

大猩猩

Gorilla

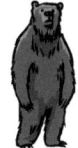

熊

Bär

駱駝

Kamel

鴕鳥

Struss

獅子

Leu

猴子

Aff

紅鶴

Flamingo

鸚鵡

Papagei

北極熊

Iisbär

企鵝

Pinguin

鯊魚

Hai

孔雀

Pfau

蛇

Schlangä

鱷魚

Krokodil

動物園管理員

Zoowärter

海豹

Robbä

美洲豹

Jaguar

矮種馬
Pony

豹
Leopard

河馬
Nilpfärd

長頸鹿
Giraff

老鷹
Adler

野豬
Wildschwein

魚
Fisch

龜
Schildkrot

海象
Walross

狐狸
Fuchs

羚羊
Gazelle

橄欖球
American Football

騎腳踏車
Velofahre

網球
Tennis

籃球
Basketball

游泳
Schwümmä

拳擊
Boxä

冰球
Iishockey

美式足球

Fuessball

羽毛球

Badminton

田徑

Liechtathletik

手球

Handball

滑雪

Skifahre

馬球

Polo

活動

Aktivitäte

笑
lachä
跳
springä
擁抱
umarme
走路
gah
唱
singe
做夢
troime
祈禱
bätte
親吻
küssä

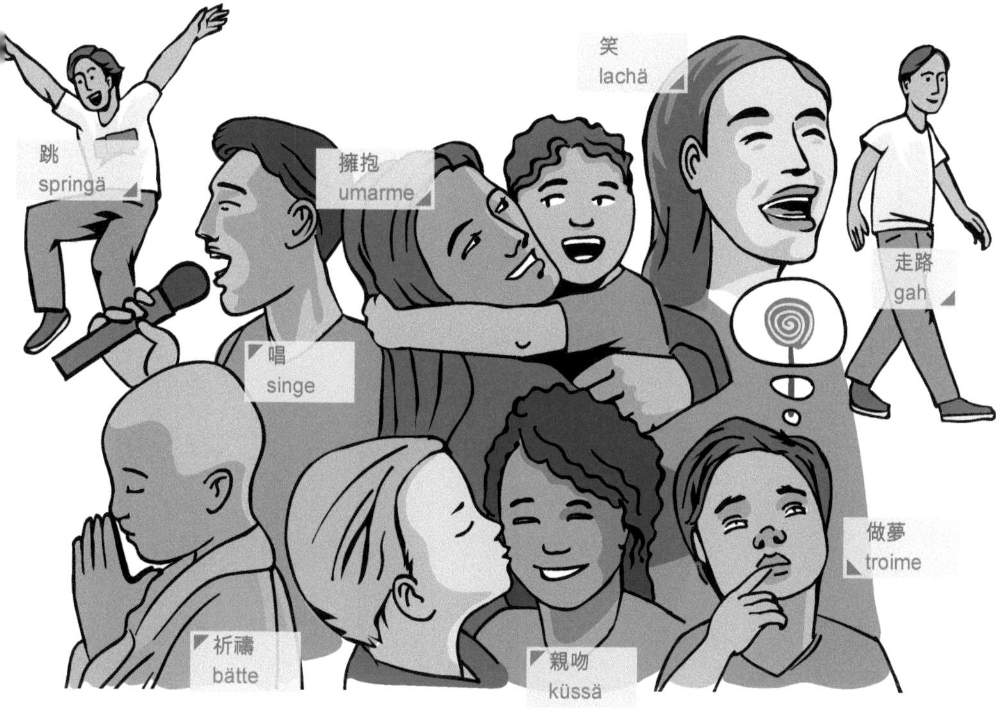

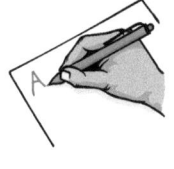

書寫

schribe

畫

zeichne

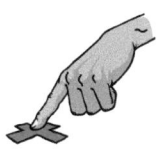

展示

zeige

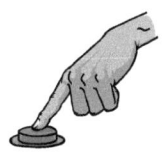

推

schiebe

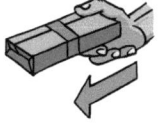

給

gäh

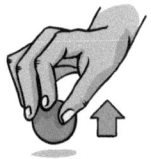

拿

näh

有
händ

做
mache

當
sy

站
stah

跑
laufe

拉
zieh

丟
rüerä

摔倒
fallä

躺
ligge

等待
warte

攜帶
träge

坐
sitze

穿衣
ahzieh

睡覺
schlafe

醒來
ufwache

活動 - Aktivitäte

看
ahluege

哭
brüele

擊
striichle

梳頭
bürste

交談
redä

明白
verschtah

問
froog

聽
lose

喝
trinke

吃
ässe

清理
ufruume

愛
liebe

做飯
chochä

開車
fahre

飛
flüge

航行

segle

計算

rächne

讀

läse

學習

leerä

工作

schaffe

結婚

hürate

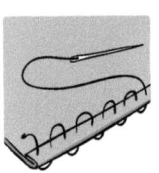

縫

näije

刷牙

Zäh putze

殺

töte

抽菸

schlootä

寄

sände

祖母
Grossmuetter

嬰兒
Baby

母親
Muetter

祖父
Grossvater

父親
Vatter

女兒
Tochter

兒子
Sohn

客人

Gast

阿姨

Tante

叔叔

Unkel

兄弟

Brüeder

姐妹

Schwöschter

身體

Körpär

前額
Stirn
眼睛
Aug
肩膀
Schultere
手指
Fingär
臉
Gsicht
下巴
Chüni
手
Hand
腿
Bei
乳房
Bruscht
手臂
Arm

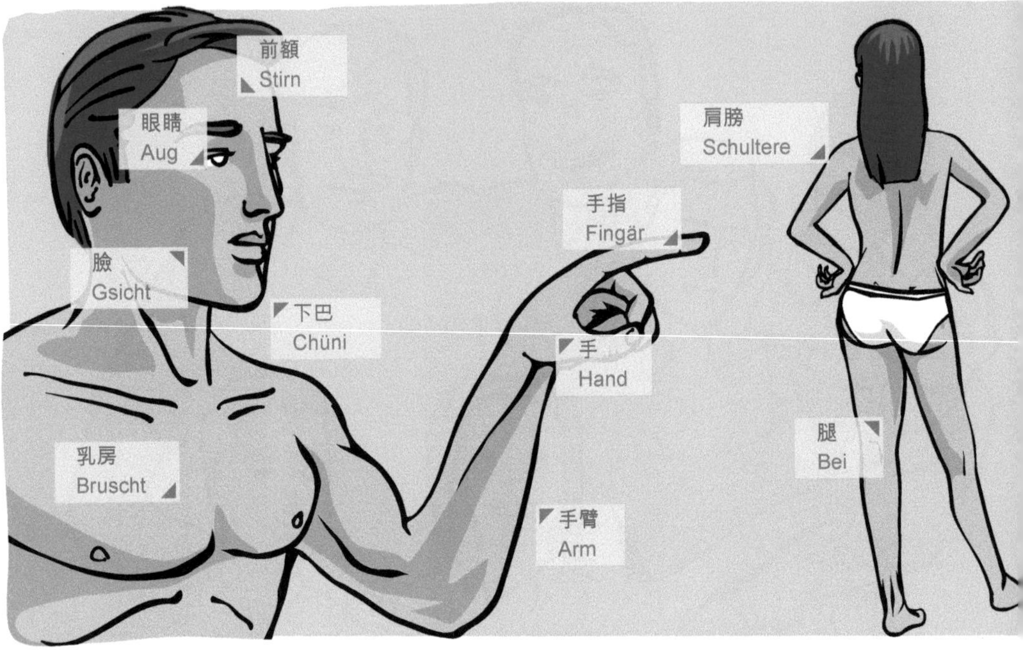

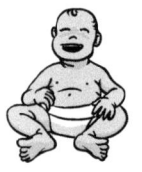

嬰兒

Baby

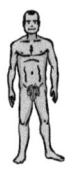

男人

Mah

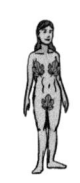

女人

Frau

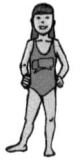

女孩

Meitli

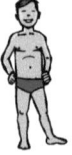

男孩

Bueb

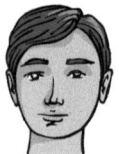

頭

Chopf

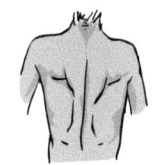

背部
Ruggä

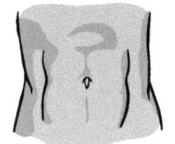

肚子
Buuch

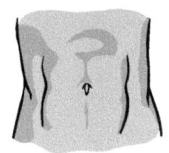

肚臍
Buchnabel

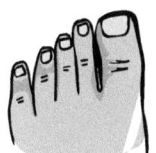

腳趾
Zäche

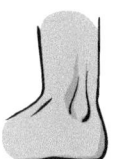

腳後跟
Fersä

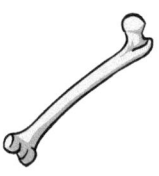

骨頭
Knoche

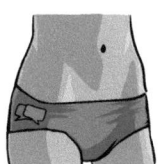

臀部
Hüfte

膝蓋
Chnü

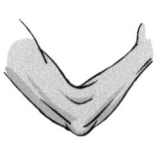

手肘
Ellbogä

鼻子
Nase

屁股
Füdli

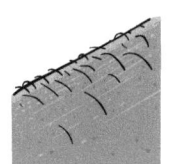

皮膚
Hut

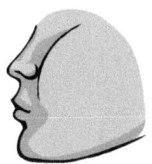

臉頰
Bagge

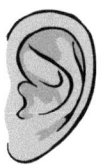

耳朵
Ohr

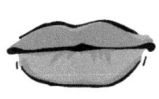

嘴唇
Lippe

嘴

Muul

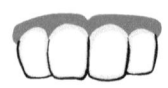

牙齒

Zah

舌頭

Zungä

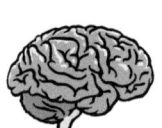

腦

Hirni

心臟

Härz

肌肉

Muskel

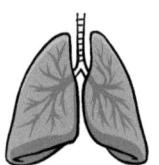

肺

Lungä

肝臟

Läberä

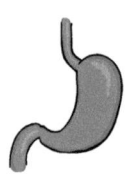

胃

Magen

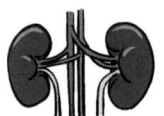

腎臟

Nierä

性交

Gschlächtsvrkehr

保險套

Kondom

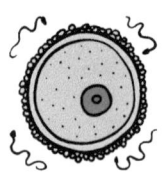

卵子

Eizälle

精子

Soome

懷孕

Schwangerschaft

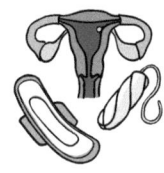

月事

Menstruation

陰道

Vagina

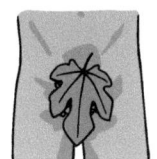

陰莖

Penis

眉毛

Augebrauä

頭髮

Haar

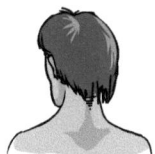

脖子

Hals

醫院

Spital

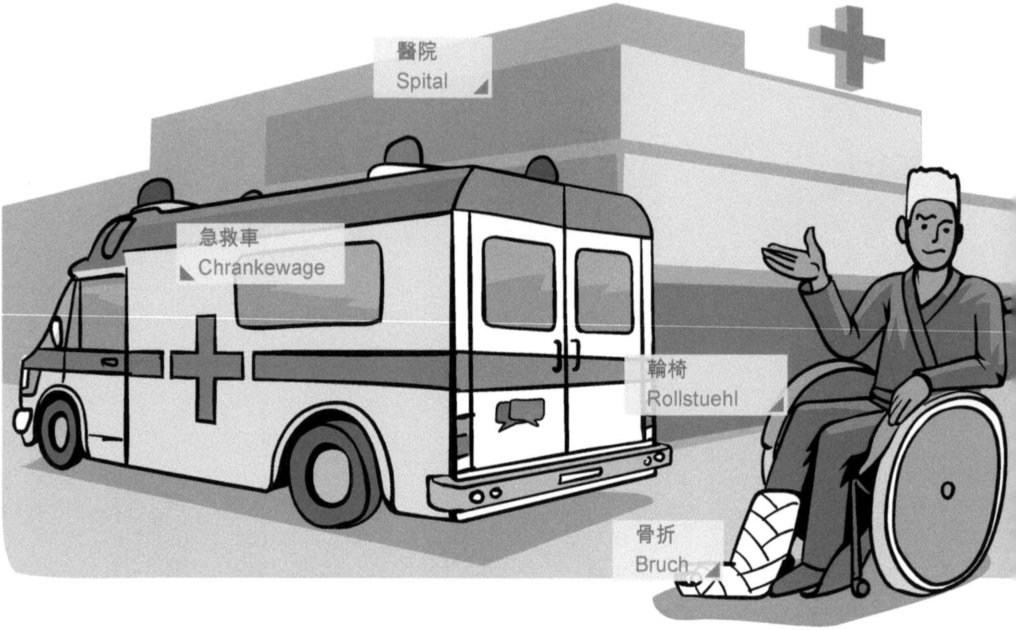

醫院
Spital
急救車
Chrankewage
輪椅
Rollstuehl
骨折
Bruch

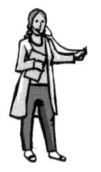

醫師

Arzt

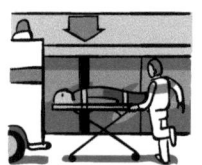

急診室

Notufnahm

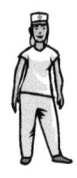

護理師

Chrankeschwöschter

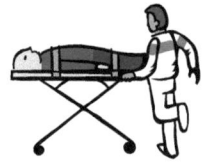

緊急情形

Notfall

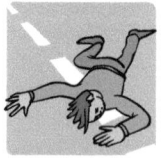

昏迷

ohnmächtig

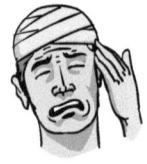

痛

Schmärz

受傷

Verletzig

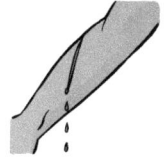

出血

Bluätig

心臟病發作

Härzinfarkt

中風

Schlagahfall

過敏

Allergie

咳嗽

Hueschtä

發燒

Fieber

流感

Grippe

腹瀉

Durchfall

頭痛

Kopfschmärze

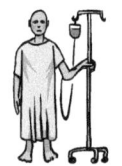

癌症

Kräbs

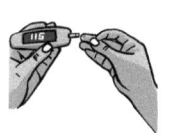

糖尿病

Diabetes

外科醫師

Chirurg

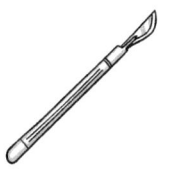

手術刀

Skalpell

手術

Operation

電腦斷層掃描

CT

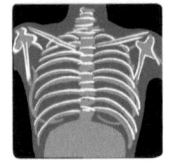

X光

Röntgä

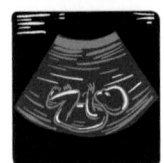

超音波

Ultraschall

口罩

Gsichtsmaske

疾病

Krankhet

候診室

Wartezimmer

拐杖

Krückä

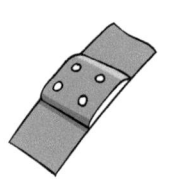

石膏

Pflaster

繃帶

Vrband

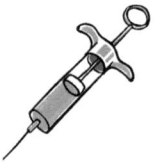

注射

Injektion

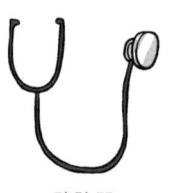

聽診器

Stethoskop

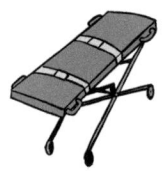

擔架

Trage

體溫計

Thermometer

出生

Geburt

超重

Übergwicht

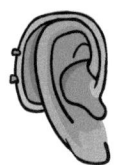

助聽器

Hörgrät

消毒液

Desinfektionsmittel

感染

Infektion

病毒

Virus

愛滋病

HIV / AIDS

藥物

Medizin

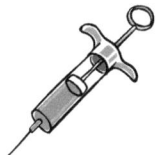

接種疫苗

Impfig

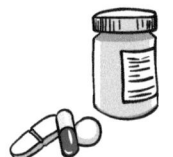

藥片

Tablette

藥丸

Pille

急救電話

Notruef

血壓計

Bluetdruck-Mässgrät

生病/健康

chrank / gsund

救命！

Hiufe!

警報

Alarm

突擊

Überfall

攻擊

Ahgriff

危險

Gfohr

緊急出口

Notuusgang

失火了！

Füür!

滅火器

Füürlöscher

意外

Unfall

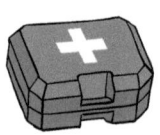

急救箱

Ersti-Hilf-Koffer

呼救訊號

SOS

員警

Polizei

歐洲

Europa

北美洲

Nordamerika

南美洲

Südamerika

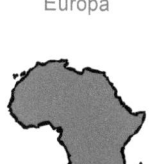

非洲

Afrika

亞洲

Asie

澳洲

Auschtralie

大西洋

Atlantik

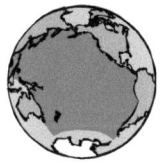

太平洋

Pazifik

印度洋

Indische Ozean

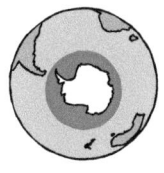

南冰洋

Antarktische Ozean

北冰洋

Arktische Ozean

北極

Nordpol

南極

Südpol

南極洲

Antarktis

地球

Ärde

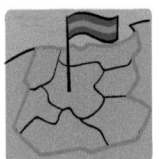

陸地

Land

海

Meer

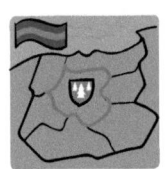

島

Inslä

國家

Nation

州

Staat

錶盤

Ziffereblatt

時針

Stundezeiger

分針

Minutezeiger

秒針

Sekundezeiger

現在幾點？

Wie spaht isch es?

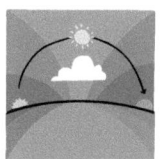

天

Tag

時間

Zit

現在

jetzt

電子錶

Digitaluhr

分

Minute

時

Stunde

Wuche

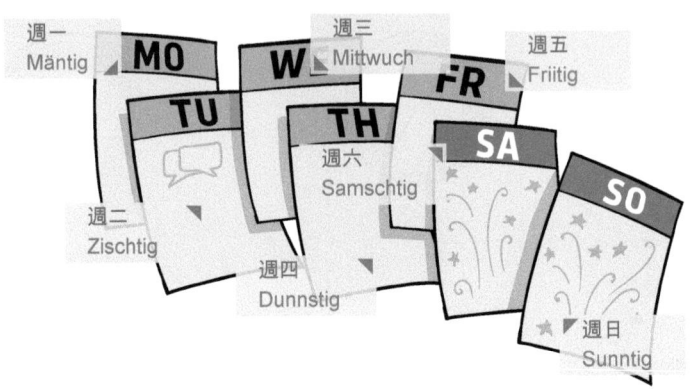

週一 Mäntig
週三 Mittwuch
週五 Friitig
週二 Zischtig
週四 Dunnstig
週六 Samschtig
週日 Sunntig

昨天
....
geschter

今天
....
hüt

明天
....
morn

早晨
....
Morgä

中午
....
Mittag

晚上
....
Aabig

工作日
....
Wärktag

週末
....
Wuchenänd

雨
Räge

彩虹
Rägeboge

風
Wind

雪
Schnee

春
Früelig

夏
Summer

秋
Herbscht

冬
Winter

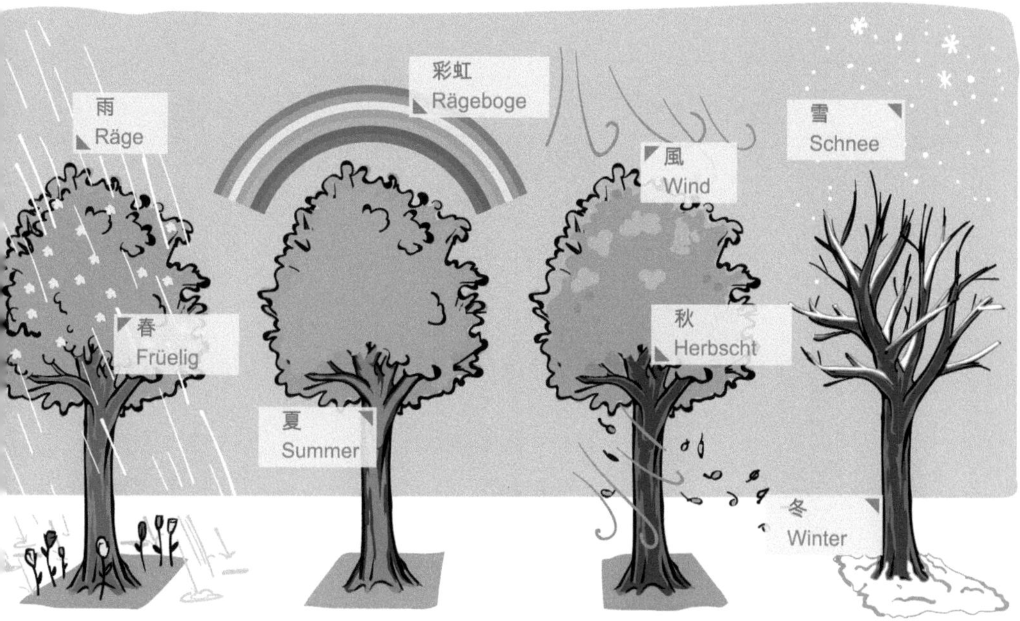

天氣預告
Wättervorhärsag

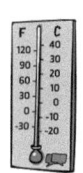

溫度計
Thermometer

陽光
Sunneschiin

雲
Wolkä

霧
Näbel

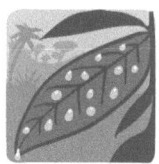

潮濕
Fiechtigkeit

閃電

Blitz

打雷

Dunner

風暴

Sturm

冰雹

Hagel

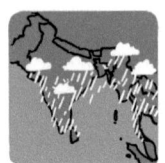

季風

Monsun

洪水

Fluet

冰

Iis

一月

Januar

二月

Februar

三月

März

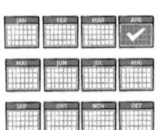

四月

April

五月

Mai

六月

Juni

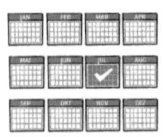

七月

Juli

八月

Auguscht

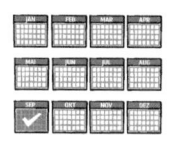

九月
....
Septämber

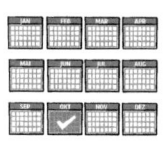

十月
....
Oktober

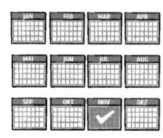

十一月
....
Novämber

十二月
....
Dezämber

形狀

Forme

圓形
....
Kreis

正方形
....
Quadrat

長方形
....
Rächteck

三角形
....
Dreieck

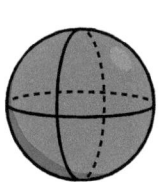

球體
....
Chugele

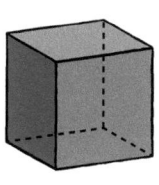

立方體
....
Würfel

白

wiss

黃

gäl

橙

orange

粉

pink

紅

rot

紫

liila

藍

blau

綠

grüen

棕

bruun

灰

grau

黑

schwarz

很多/少許

viel / wenig

生氣/平靜

hässig / ruhig

美/醜

hübsch / hässlich

首/尾

Ahfang / Ändi

大/小

gross / chli

明/暗

hell / dunkel

兄弟/姐妹

Brüeder / Schwöschter

乾淨/骯髒

suuber / dräckig

完整/缺失

vollständig / unvollständig

白天/晚上

Tag / Nacht

死/生

tot / läbig

寬/窄

breit / schmal

可食用/非食用

ässbar / nid ässbar

邪惡/善良

bös / fründlich

興奮/無聊

uffreggt / glangwilt

胖/瘦

dick / dünn

第一/最後

zerscht / zletscht

朋友/敵人

Fründ / Find

滿/空

voll / läär

硬/軟

hart / weich

重/輕

schwer / liecht

餓/渴

Hunger / Durscht

生病/健康

chrank / gsund

非法/合法

illegal / legal

聰明/愚笨

intelligänt / gatz

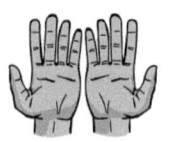

左/右

links / rächts

近/遠

nöch / wiit weg

新/舊

neu / bruucht

沒有/有些

nüt / öpis

老/幼

alt / jung

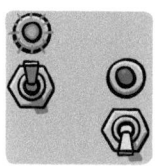

開/關

ah / uss

打開/闔上

offe / zue

安靜/吵鬧

lislig / luut

富/窮

riich / arm

對/錯

richtig / falsch

粗糙/光滑

rau / glatt

傷心/高興

truurig / glücklich

短/長

churz / lang

慢/快

langsam / schnäll

濕/乾

nass / trochä

溫暖/涼爽

warm / chalt

戰爭/和平

Chrieg / Friede

0

零

Null

1

一

eis

2

二

zwei

3

三

drü

4

四

vier

5

五

foif

6

六

sächs

7

七

sibe

8

八

acht

9

九

nün

10

十

zäh

11

十一

elf

12
十二
zwölf

13
十三
drizäh

14
十四
vierzäh

15
十五
füfzäh

16
十六
sächzäh

17
十七
siebzäh

18
十八
achtzäh

19
十九
nünzäh

20
二十
zwänzg

100
百
Hundert

1.000
千
Tuusig

1.000.000
百萬
Million

英語
....
Änglisch

美式英語
....
Amerikanischs Änglisch

普通話
....
Chinesisch Mandarin

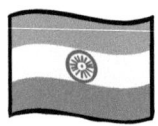

印地語
....
Hindi

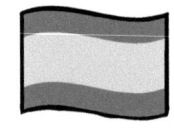

西班牙語
....
Spanisch

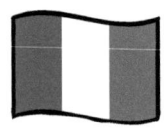

法語
....
Französisch

阿拉伯語
....
Arabisch

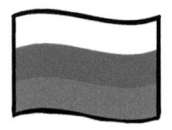

俄語
....
Russisch

葡萄牙語
....
Portugiesisch

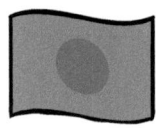

孟加拉語
....
Bengalisch

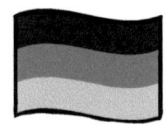

德語
....
Dütsch

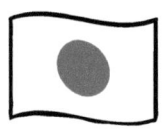

日語
....
Japanisch

我

ich

你

du

他/她/它

är / sie / es

我們

mir

你們

ihr

他們

sie

誰？

wär?

什麼？

was?

如何？

wie?

何處？

wo?

何時？

wänn?

名字

Name

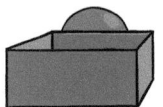

後面

hinder

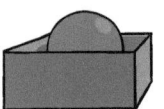

裡面

in

前面

vor

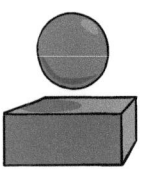

上方

über

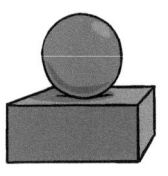

上面

uf

下麵

under

旁邊

näbe

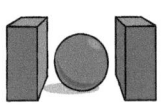

中間

zwüsche

地點

Ort